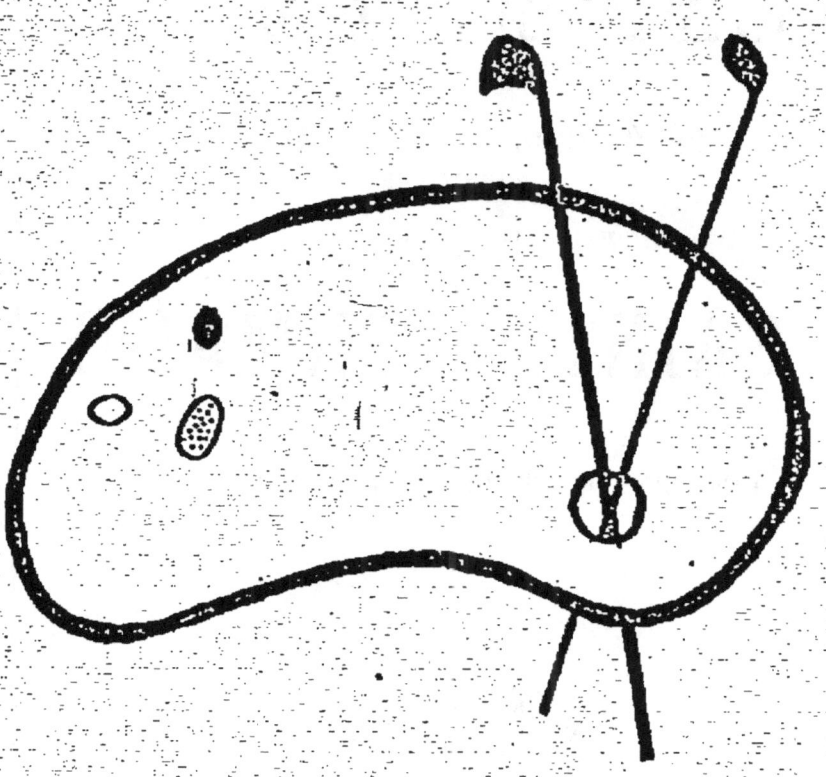

DEBUT D'UNE SERIE DE DOCUMENTS EN COULEUR

RELATION
DES FÊTES
CÉLÉBRÉES A TOULOUSE
EN L'HONNEUR
DE SAINTE GERMAINE
LES 28, 29 ET 30 JUILLET 1867.

TOULOUSE,
IMPRIMERIE CH. DOULADOURE;
ROUGET FRÈRES ET DELAHAUT, SUCCESSEURS;
Rue Saint-Rome, 39.

1867.

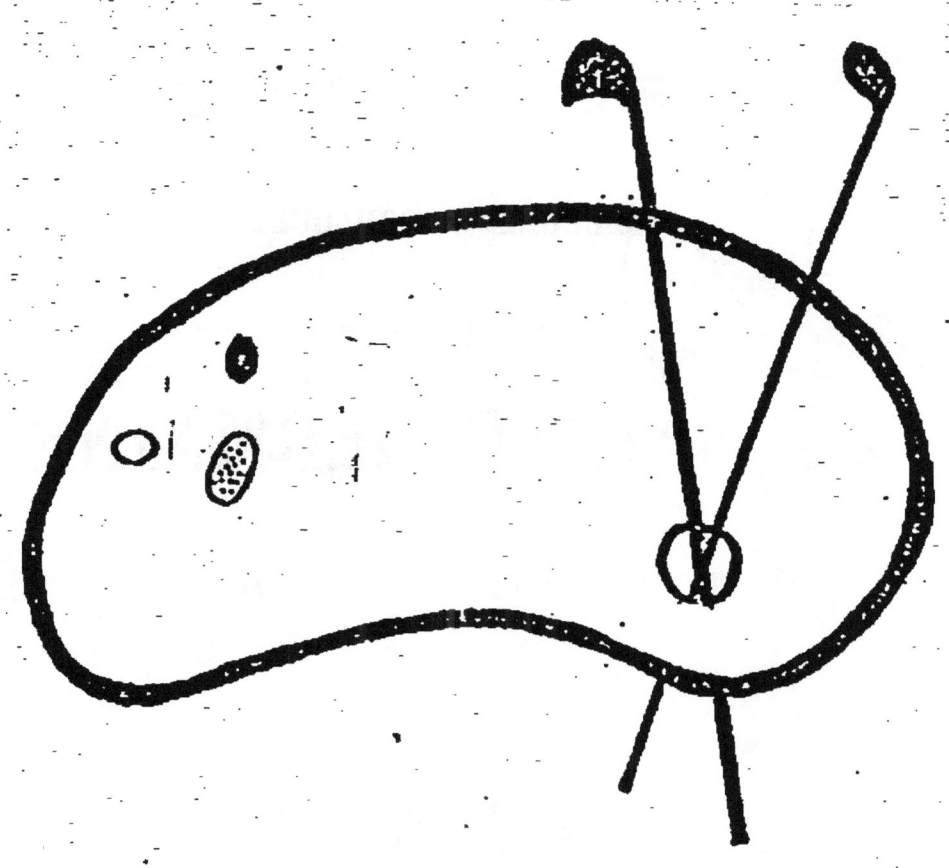

FIN D'UNE SERIE DE DOCUMENTS EN COULEUR

RELATION

DES FÊTES

CÉLÉBRÉES A TOULOUSE

EN L'HONNEUR

DE SAINTE GERMAINE

LES 28, 29 ET 30 JUILLET 1867.

TOULOUSE,
IMPRIMERIE CH. DOULADOURE;
ROUGET FRÈRES ET DELAHAUT, SUCCESSEURS;
Rue Saint-Rome, 39.

1867.

RELATION

DES FÊTES CÉLÉBRÉES A TOULOUSE

EN L'HONNEUR DE S^{TE} GERMAINE

Les 28, 29 et 30 juillet 1867.

La ville de Toulouse a été, durant les trois jours consacrés à honorer sainte Germaine, le théâtre de fêtes si extraordinaires, si magnifiques et si imposantes, que le souvenir doit s'en conserver impérissable dans ses annales.

Déjà, dès que le télégraphe eut averti, le 29 juin, les habitants de Toulouse, que la Bergère de Pibrac venait, au milieu des splendeurs du centenaire de saint Pierre et de saint Paul, d'être inscrite par le Souverain Pontife dans le catalogue des Saints, des transports d'allégresse avaient éclaté dans toute la ville ; la plupart des maisons avaient été immédiatement pavoisées, et le soir étaient illuminées de la manière la plus brillante.

Cette belle démonstration faisait naturellement présager des fêtes splendides pour le *Triduum* que Mgr l'Archevêque de Toulouse avait annoncé devoir se faire en l'honneur de la Sainte, dans son église métropolitaine, les 28, 29 et 30 juillet.

L'état de l'atmosphère avait semblé d'abord devoir contrarier les fêtes extérieures. La semaine avant le *Triduum* avait été une semaine d'orages ; le jeudi et le vendredi notamment ils avaient éclaté sur la ville. Mais le samedi, veille du premier jour du *Triduum*, le ciel devenait tout à fait pur et rassurait les habitants, impatients de donner une libre carrière à leurs sentiments de piété envers la Sainte.

Il était cependant impossible, le samedi soir, de prévoir tout l'éclat de la fête du lendemain. Dans quelques rues habitées par des familles riches, on avait fait, il est vrai, d'assez grands préparatifs; mais ces apprêts ne pouvaient faire soupçonner tout ce que les maisons des habitants, même les plus pauvres de la ville entière, contenaient de décorations cachées. Jusqu'aux dernières heures de ce jour, la population peu aisée de la cité travaillait mystérieusement à préparer une de ces explosions d'enthousiasme universel qui dépassent tout ce que peut concevoir l'imagination.

C'est le dimanche matin, après le lever du soleil, que dans l'espace d'une heure la ville entière se transforme et offre aux regards étonnés tout ce qu'il est possible de rêver en fait de décors extérieurs. Dans moins d'une heure, les oriflammes, les banderoles, les drapeaux, les bannières, les emblèmes, les couronnes et les guirlandes, de toutes les formes, de toutes les dimensions et de toutes les couleurs, se mêlent, se croisent, s'entre-croisent, brillent et flottent, non point par centaines ni par milliers, mais par centaines de mille. Toulouse compte, en effet, d'après le dernier recensement, plus de cent vingt-six mille âmes de population, et il n'est pas de maison où il n'y eût beaucoup plus d'oriflammes et de banderoles qu'il n'y avait d'habitants.

C'est à neuf heures que la première cérémonie religieuse devait commencer; à neuf heures, tous les préparatifs sont terminés, et les nombreux archevêques, évêques, abbés crossés et mitrés, conviés à la fête, comme les milliers d'étrangers déjà arrivés à Toulouse, peuvent contempler une ville entière, une des plus grandes villes de France, plus parée que ne l'est une mariée le jour de ses noces.

Les portes du palais archiépiscopal s'entr'ouvrent; les prélats sortent processionnellement; c'est un membre du Sacré-Collége, le cardinal Donnet, archevêque de Bordeaux, qui doit célébrer les saints Mystères le premier jour du *Triduum*. L'éclat de la pourpre romaine ne pouvait manquer à une fête qui a dépassé de beaucoup l'attente des fidèles les plus dévots à la Sainte.

Les prélats, en arrivant à l'église métropolitaine, ont peine à traverser la foule énorme et compacte qui en occupe les abords, et celle plus nombreuse encore massée dans la vaste nef et le chœur de l'église. Le sanctuaire lui-même est envahi par des prêtres étrangers au clergé de Saint-Etienne, si pressés, qu'il reste à peine assez de place pour les cérémonies. Le chœur de l'église est orné d'une manière admirable, et les bougies, semées à profusion, font resplendir le rétable, l'un des plus magnifiques qui existent en France. Le saint Sacrifice commence et est célébré avec la plus grande pompe au milieu du recueillement d'innombrables fidèles, honorant du fond du cœur une relique insigne de la Sainte, qu'enferme une châsse précieuse placée au-dessus et en arrière de l'autel.

Les vêpres sont célébrées le soir avec la même pompe, et la foule est plus considérable encore que le matin pour entendre le premier panégyrique en l'honneur de la Bergère, prêché par Mgr l'évêque de Rodez, qui, frappé de l'éclat de tout ce qu'il a vu, s'écrie stupéfait : « La mission ordinaire du ministre de Dieu dans la chaire sacrée, c'est de prêcher aux fidèles pour les exhorter et les exciter ; cette fois, c'est vous-mêmes qui nous prêchez ; c'est votre ville tout entière, ce sont vos rues, ce sont vos places, ce sont vos maisons ; l'effigie de Germaine est partout, son chiffre partout, sa louange dans toutes les bouches ; et ce sont ici les brebis qui entraîneraient le pasteur, si l'enthousiasme du pasteur n'égalait pas celui des brebis. »

L'évêque de Rodez n'avait pu cependant admirer encore que la partie la moins brillante de la fête. Dès que la nuit arrive, la ville est en feu ; une illumination comme il ne s'en était jamais vu à Toulouse, peut-être même, proportion gardée, dans aucune ville du monde, jette dans l'admiration, ce n'est pas assez dire, dans l'ébahissement, non-seulement plus de soixante mille étrangers arrivés déjà pour voir les fêtes, mais les Toulousains eux-mêmes, surpris de voir partout des jets de lumière de plus en plus étonnants. Aux étendards et banderoles, qui se comptaient dans le jour par centaines de mille, viennent se joindre des lumières qui ne peuvent plus se compter que par millions, produites par un nombre infini de verres de toutes couleurs, de lanternes et falots vénitiens, de lampions, de ballons de toutes les nuances, attachés à toutes les portes, à toutes les croisées, à tous les balcons, à toutes les corniches, et parfois jusque sur le toit des maisons. Pour placer des mâts à une plus grande élévation, il aurait fallu les planter dans l'air, et pour illuminer plus haut, allumer comme Dieu au sein de l'espace de nouvelles étoiles. Et l'on voit cela, non pas seulement dans un quartier, mais dans tous, dans les rues les plus étroites comme dans les plus grandes, dans les plus pauvres comme dans les plus riches. Les indigents qui n'ont aucune croisée sur la rue illuminent les fenêtres et les lucarnes placées sur le derrière des maisons et dans l'intérieur des cours. La foule, ivre d'une sainte joie en voyant un spectacle aussi extraordinaire, traverse en tout sens la cité durant trois ou quatre heures entières, laissant à chaque instant à regret, à droite, à gauche, des rues latérales aussi brillantes que les rues principales, mais dans lesquelles on sent qu'il est impossible de s'engager si l'on ne veut pas être en marche toute la nuit. Le bonheur brille sur tous les visages comme les feux étincellent dans toutes les maisons, et des foules énormes se touchent en sens divers sans se heurter, tant la joie qui les anime ressemble aux joies paisibles des habitants du ciel.

Le lendemain, mêmes pompes religieuses, et affluence plus grande encore des étrangers, surtout des prêtres des campagnes, dans l'église métropolitaine, puis dans toutes les rues et sur toutes les places pour contempler des décorations innombrables en ifs, en sapinettes, en tuyas, en buis, en laurier, en gazes ou toiles légères, en fleurs naturelles ou artificielles, en papiers de mille nuances découpés et enchaînés de mille façons, en images et médaillons, statues et statuettes de la Sainte.

Ah! que Mgr Mermillod, qui prêcha ce jour-là le second panégyrique de Germaine, avait raison de dire, en s'adressant aux rationalistes, heureusement bien rares à Toulouse : « Vous niez le surnaturel, mais le surnaturel ici vous déborde ; vous le voyez de vos yeux, vous le palpez de vos mains ; expliquez autrement que par un mobile surnaturel ce mouvement immense, universel, qui agite au même instant toute une grande cité en l'honneur d'une pauvre fille des champs, morte il y a plus de deux cent soixante ans, complétement délaissée, sous les marches de l'escalier vermoulu d'une étable. » Comme il était bien inspiré en développant les paroles de son texte; Dieu a choisi les faibles du monde pour confondre les forts, et en montrant d'un côté le saint vieillard Pie IX, conservant une sérénité incomparable au milieu des effrayantes agitations qui ébranlent les sociétés modernes; d'un autre côté, une pauvre bergère dont la gloire immense éclipse toutes les illustrations de la terre! » Comme tous les cœurs palpitaient quand l'éloquent évêque dessinait avec un rare bonheur ces deux figures célestes ! et comme il dut être heureux lui-même, après le Salut, quand il entendit toutes les voix des innombrables fidèles entassés dans le temple en faire trembler les vitraux par le refrain du cantique populaire de la Sainte bien-aimée !

Le vent au dehors soufflait avec quelque violence, et pouvait faire craindre que la seconde illumination fût manquée; mais deux cent mille personnes purent remarquer que le vent s'apaisa quand on alluma les premiers lampions, et l'illumination de ce jour-là fut aussi brillante que celle de la veille.

Déjà toutes les contrées voisines ont appris quel spectacle étonnant a offert Toulouse durant deux jours, et quiconque a la possibilité d'y venir, se hâte pour profiter du troisième. Tous les trains des chemins de fer sont encombrés, toutes les routes et chemins sillonnés de diligences, de voitures, de charrettes, de véhicules de toute espèce, portant une multitude de gens de toute condition et de tout âge. On croit que ce jour-là le chiffre des étrangers dut atteindre cent mille.

Ce jour devait naturellement être le plus beau, et chacun avait songé, les deux précédents, à accroître encore, s'il était possible, l'éclat des deux premières fêtes. Dans les rues notamment que la procession devait traverser, on eût en bien des endroits trouvé difficilement une place où la main pût s'appliquer sur le mur sans toucher des banderoles ou des tentures.

La messe de ce jour est célébrée par Mgr l'Archevêque de Toulouse, et les belles œuvres musicales exécutées aux offices des jours précédents sont couronnées par le chef-d'œuvre de Chérubini, dont le *Credo* admirable, si bien fait pour exalter nos croyances, reste pourtant cette fois au-dessous des élans de foi que provoque dans tous les cœurs le triomphe de la Bergère, au moment surtout où, le saint Sacrifice terminé, Mgr l'Archevêque de Toulouse donne à d'innombrables fidèles agenouillés et saisis d'un recueillement solennel, la grande bénédiction papale.

Mais ce n'est pas dans l'église métropolitaine que la fête religieuse doit se terminer. Ce ne sont pas seulement des chrétiens foulant encore la terre d'exil, qui, au nombre de plus de deux cent mille, s'agitent en l'honneur de la Sainte ; ce sont les fondateurs mêmes du christianisme qui s'émeuvent dans leurs tombeaux. Nulle église dans le monde, sans en excepter les grandes basiliques de Rome, ne possède, on le sait, un plus grand nombre de reliques inestimables que la basilique de Saint-Sernin. L'autorité ecclésiastique avait réglé que ces reliques saintes, futurs diamants du ciel, rangées à la suite du père de Germaine dans la foi, du grand martyr Saturnin, seraient portées processionnellement dans leurs châsses précieuses jusqu'à Saint-Étienne, pour aller y chercher la relique de la Sainte, et l'accompagner ensuite dans les cryptes vénérées où les corps des premières colonnes de l'Église, des compagnons de saint Pierre, attendent silencieusement la trompette du dernier Jugement : c'était l'objet de la grande procession qui devait clore ce *Triduum* à jamais mémorable.

Toutes les paroisses de la ville, tous les ordres religieux, toutes les religieuses non cloîtrées, toutes les confréries, congrégations, associations pieuses d'hommes, de femmes, de jeunes filles et d'enfants, étaient invitées à cette procession, où chaque paroisse devait avoir pour ses oriflammes des couleurs différentes.

Avant la procession, beaucoup de personnes savaient déjà que la Sainte avait dès le matin ajouté un nouveau miracle à tous ceux dont elle a comblé pour ainsi dire les Toulousains; car ce qui explique naturellement leur enthousiasme, dont tout ce qu'on a dit jusqu'ici ne peut donner qu'une faible idée aux personnes qui n'en ont pas été témoins, c'est qu'outre les miracles juridiquement constatés qui ont motivé à si peu d'intervalle l'une de l'autre la béatification et la canonisation de la Sainte, il n'est pas à Toulouse une famille nombreuse qui n'attribue à sa protection la guérison de quelqu'un de ses membres opérée dans des circonstances désespérées, ou quelque autre grâce tout à fait insigne. Mais, quoique ce miracle soit pour nous certain, tant les personnes qui nous l'ont affirmé nous sont connues, comme il n'a pas encore été constaté par l'autorité compétente, nous craindrions d'errer sur quelques circonstances en mêlant sa relation à notre récit.

Vers trois heures de l'après-midi, la procession de Saint-Sernin commençait à se diriger vers la métropole, et les châsses des Saints et des Saintes, se balançaient suivant leurs dimensions sur les épaules de jeunes enfants de chœur, de religieux ou d'ecclésiastiques qui s'étaient fait un honneur de porter ces fardeaux précieux. Les autres paroisses de la ville s'acheminaient à leur tour, chacune de son côté, vers la place Saint-Etienne et l'allée des Platanes, où la procession générale devait se former ; et, quand ses rangs ont été réglés, le clergé de Saint-Etienne, son vénérable Chapitre et tous les prélats invités sont sortis à leur tour avec Mgr l'Archevêque de l'église métropolitaine, pour accompagner la relique de la

Sainte au milieu de celles de l'insigne basilique de Saint Sernin, qui l'attendaient comme des frères plus âgés attendent pour la fêter, une jeune sœur qui vient de conquérir des couronnes.

Nous renonçons à décrire la beauté de cette procession où la variété des oriflammes des paroisses tranchant sur les robes blanches d'une multitude de jeunes filles ou sur des costumes religieux produisait le plus admirable effet, où les croix et les pavillons de toute espèce dépassaient en richesse et en élégance les décorations déjà si belles des édifices, où des milliers de voix chantaient des chants pieux, où des milliers de visages brillaient de bonheur ou étaient mouillés de douces larmes.

La piété et l'émotion des foules qui voyaient passer la procession et qui s'échelonnaient à droite et à gauche, quand l'espace le permettait, sur neuf ou dix rangs ou davantage, n'étaient pas moindres que celles des fidèles qui y assistaient. Toutes ces foules s'inclinaient au passage de chaque relique, toutes se sentaient ravies dès qu'elles voyaient venir celle de la Sainte, toutes recevaient avec respect et reconnaissance les bénédictions des trois abbés mitrés et des onze évêques ou archevêques unis à Mgr l'Archevêque de Toulouse pour rehausser par leur présence cette procession magnifique, dont le défilé, sans qu'il y eût jamais aucun point d'arrêt, durait une heure et demie.

En attendant, l'intérieur de l'église de Saint-Sernin s'illuminait magnifiquement pour entourer de splendeur les dernières pompes religieuses de ce grand jour, et jamais illumination, dans cette grande basilique, dont la nef allongée et l'architecture massive favorisent si fort l'éclat des lumières, n'avait été mieux réussie : l'invocation latine à sainte Germaine semblait dessinée au fond du temple par des étoiles du ciel.

Le quart à peine de la procession avait pu trouver place dans le vaste monument, mais la partie qui avait dû rester au dehors formait autour de l'auguste basilique, sacrée par un pape, une magnifique guirlande.

Les successeurs des apôtres avaient cessé de bénir les foules ; mais après le chant du *Te Deum*, c'est Jésus-Christ lui-même, présent sous les saintes Espèces, qui bénit les fidèles, émus la plupart jusqu'aux larmes par des fêtes si belles ; et, quand la bénédiction du Saint-Sacrement est donnée, les chants en l'honneur de sainte Germaine retentissent, comme la veille à Saint-Etienne, répétés par toutes les bouches.

Les illuminations du dehors, plus splendides encore que celles des jours précédents, commencent au moment où la dernière cérémonie religieuse finit, et terminent ces fêtes incomparables dont jamais les personnes qui ne les ont pas contemplées ne pourront se faire une idée. Jusqu'à une heure très-avancée de la nuit, une foule immense, toujours animée de la même joie douce et silencieuse, admire avec ravissement ce que chacun reconnaît avoir vu de sa vie de plus beau, de plus varié, de plus doux et de plus touchant.

Toutes les fêtes de la terre finissent ; seules celles du paradis ne finissent point. Le lendemain, 31 juillet, les habitants de Toulouse regrettaient pourtant d'enlever à leurs maisons leur sainte et brillante parure. Ils étaient bien inspirés de la conserver intacte toute la matinée, car les étrangers, fort nombreux encore, qui n'avaient pu la veille parcourir tous les quartiers de la ville, continuaient d'aller de rue en rue, de place en place, et pouvaient ainsi se convaincre qu'on n'avait rien exagéré dans les descriptions qu'ils avaient pu lire ou entendre, que l'enthousiasme des Toulousains pour leur Sainte avait été non-seulement prodigieux, mais universel. Et comme sur tous les points de la Cité, c'est à peine si dans les rues les plus longues on voyait çà et là non pas une maison entière, mais un étage qui ne fût point pavoisé, on arrivait à cette conséquence nécessaire, ou que le nombre des habitants non catholiques est à Toulouse complètement insignifiant, ou que les non-catholiques avaient eux-mêmes honoré la Sainte. On dit, en effet, que quelques protestants avaient pavoisé et même illuminé leur demeure pour honorer dans Germaine un modèle accompli de résignation et de vertu. Puissent les marques de respect et d'amour qu'ils ont données à l'humble Bergère attirer sur eux les grâces du ciel les plus efficaces! Les dévots de Sainte Germaine leur tendent les bras et voudraient leur communiquer leur bonheur en leur communiquant leurs croyances.

Vers le soir cependant les ornements des maisons sont peu à peu enlevés; les étrangers, dont les grands flots ont à chaque départ envahi les gares, deviennent de plus en plus rares; et quand la pluie ne peut plus rien ternir de précieux, quand il ne reste à Toulouse que les étrangers qui sont sûrs de trouver un gîte chez des parents ou des amis, les nuages comme dans les jours qui avaient précédé le *Triduum* se condensent et s'amoncellent, et la ville, inondée le 31 juillet au soir par des torrents de pluie, l'est encore davantage le lendemain.

Voilà ce qu'ont vu à Toulouse et ce que peuvent affirmer comme rigoureusement exact plus de deux cent mille personnes. On ne peut après cela que s'écrier : Mille fois heureux tous ceux qui ont pu contempler des fêtes que celles des cieux peuvent seules surpasser, et auxquelles durant de longues années, peut-être durant des siècles, rien ne pourra plus être comparé!

Ces fêtes extraordinaires ne sont pas seulement un événement glorieux pour Toulouse, qui s'est montrée si digne de son titre de Sainte; elles sont, à nos yeux, un des événements les plus importants qui se soient accomplis en France dans l'ordre religieux depuis trente-sept ans.

La révolution de 1830, on le sait, amena tout d'abord des actes d'impiété qui consternèrent tous les catholiques : en bien des lieux les croix furent arrachées par les ordres mêmes des représentants de l'autorité publique, et il fallut renfermer dans l'intérieur des églises le signe sacré qui a sauvé le monde. Ce paroxysme d'irréligion dura peu; mais pendant plusieurs années les processions extérieures furent à peine tolérées là même où il n'existait aucun culte dissident, et les fonctionnaires s'abstenaient complétement d'y paraître.

Ce ne fut que neuf ou dix ans après que les corps constitués revinrent peu à peu s'associer à la plus grande des pompes catholiques, au triomphe de Jésus-Christ dans le Très-Saint Sacrement. On devait évidemment commencer par là ; il faut adorer Jésus-Christ avant d'honorer les Saints. Toutefois, ces deux choses se tiennent d'une manière absolument indissoluble. On ne peut pas adorer Jésus-Christ si on n'exécute pas ses ordres, et s'il veut qu'on honore ses saints, il faut de toute nécessité le faire, à moins de lui refuser l'adoration à lui-même.

Disons du reste, que quand les autorités publiques assistent à la procession de la Fête-Dieu, cela n'est pas contraire le moins du monde, comme quelques sophistes l'ont prétendu, au principe de la liberté des cultes. Quand une compagnie compte dans son sein ou quand un chef a parmi ses subordonnés des protestants ou des israélites, ce serait violer la liberté des cultes que de vouloir contraindre ces protestants ou ces juifs à se rendre à une cérémonie religieuse qui ne leur plaît point. Mais, que l'immense majorité d'un corps ou d'une compagnie soit gênée dans la manifestation extérieure de ses croyances, parce que tel ou tel acte déplaira à une minorité parfois imperceptible, c'est la conséquence la plus absurde qui se puisse imaginer.

Il est donc d'une évidence parfaite que le culte de la sainte Vierge étant pour les catholiques un dogme aussi certain que la présence de Jésus-Christ au saint Sacrement, les autorités publiques ne contreviendraient pas plus au principe de la liberté des cultes en assistant à la procession solennelle du 15 août pour se conformer au vœu de Louis XIII, qu'en assistant à celle de la Fête-Dieu. Nous ne doutons pas que cette conséquence ne soit tirée un jour ; car une conséquence juste est comme le germe contenu dans une graine ; à moins que la graine ne périsse, il faut que le germe sorte, et les principes de la logique sont des graines qui ne peuvent point périr.

La gloire la plus grande qu'a reçue sainte Germaine dans les fêtes de Toulouse n'a donc pas été, à nos yeux, dans le nombre infini des bannières décorant les maisons et des lumières faisant des nuits comme un jour splendide ; sa plus grande gloire, c'est que la très-sainte Vierge a voulu qu'après la trop longue interruption amenée dans le culte extérieur des saints par la révolution de 1830, Germaine fût honorée plus tôt qu'Elle par les représentants du Souverain et les corps constitués.

Déjà, aux trois messes pontificales du *Triduum*, la population toulousaine et les milliers d'étrangers qui étaient venus se mêler à elle avaient vu avec édification, dans le sanctuaire, le général commandant le 6e corps d'armée, le général de division, les premiers magistrats de l'ordre administratif ou judiciaire, et le chef de l'Académie. Il n'était là possible de donner des places d'honneur qu'aux plus grands dignitaires : mais à la procession solennelle, les corps entiers se sont réunis à leurs chefs. La procession dans sa première partie, avec les corps des Apôtres et des plus grands héros du christianisme, avec la relique de Germaine, avec les longues files du clergé séculier et régulier, avec les abbés mitrés, les évêques, les archevêques, présentait l'image de toutes les grandeurs dans l'ordre de la sainteté ; dans la seconde partie, celle de toutes les grandeurs temporelles. Rien n'était beau comme la variété du spectacle qu'offrait l'imposant cortége qui terminait la procession, les généraux suivis de leurs états-majors et de tout le corps des officiers, la Cour impériale, les tribunaux inférieurs, les professeurs de l'université, les chefs et employés des diverses administrations publiques de l'Etat, tous en grand costume.

Les foules, particulièrement les habitants des campagnes, étaient émerveillées en voyant défiler devant elles tant d'uniformes guerriers, de robes majestueuses des magistrats ou des hommes de science, d'habits brodés d'une multitude de fonctionnaires. Comme toutes ces splendeurs contrastaient d'une manière étonnante avec la condition si humble, et, en apparence, si malheureuse, que le Ciel avait faite ici-bas à Germaine ! Quelle preuve plus saisissante qu'il n'y a de vraie grandeur et de gloire durable que dans la sainteté !

En terminant un récit qui ne paraîtra avoir une couleur d'exagération qu'aux personnes qui n'ont pas vu Toulouse durant ces fêtes, nous nous sentons porté à exprimer un vœu. Les Toulousains devraient prouver leur dévotion à leur chère Sainte autrement que par un enthousiasme de trois jours et des décors de carton ou de papier. Que faisaient nos pères dans les grands siècles de foi ? Ils transmettaient à leurs fils des preuves de leur piété dans des œuvres impérissables. La terre recevait à jamais l'empreinte des sentiments de leurs cœurs, dans des monnuments admirables, qui, après les œuvres de Dieu, après les cimes neigeuses des Alpes et des Pyrénées, sont le plus bel ornement de notre patrie. Les cathédrales du moyen âge ne sont pas autre chose que l'enthousiasme de nos pères qui respire encore dans le basalte ou le granit. Les pierres en sont froides pour la main du corps ; pour celle du cœur, elles resteront à jamais incandescentes.

Maintenant donc que Germaine est proclamée sainte, maintenant que des églises dans tout l'univers peuvent être élevées en son honneur, Toulouse devrait être la première à lui ériger un monument ou un temple en rapport avec la dévotion qu'elle vient de lui témoigner. Elle devrait, ce nous semble, ou faire cesser sur-le-champ la dernière trace des temps d'impiété et une profanation qui la déshonore, en rachetant l'église des Cordeliers comme elle a racheté les Jacobins, pour la consacrer à la Sainte, ou placer sous sa protection puissante l'achèvement de sa métropole.

Les métropoles, nous le croyons du moins, peuvent avoir, comme les autres églises, des patrons secondaires. Si la sainte Vierge a voulu que Germaine marchât avant Elle dans le culte que la France vient de restituer aux saints, le protomartyr saint Étienne ne se tiendrait pas offensé en voyant la houlette de Germaine auprès de sa dalmatique sanglante.

Quand nous calculons tout ce que Toulouse, pour honorer la Sainte a dû dépenser en objets qui ne durent qu'un jour, il nous semble qu'une souscription ouverte pour assurer immédiatement à sa pieuse population une magnifique église vouée principalement ou secondairement à la plus grande thaumaturge de notre siècle, produirait des sommes considérables.

Le jour où ce temple serait consacré, les fêtes que nous avons vues pourraient se revoir : les Toulousains pourraient une seconde fois avoir sur terre un jour, deux jours, trois jours, un avant-goût des joies célestes.

Les journaux de Toulouse, depuis que la relation qui précède était composée, ont annoncé qu'une souscription allait être ouverte pour ériger une statue à sainte Germaine. Cette idée est certainement des plus heureuses, tant le culte de la Bergère de Pibrac est populaire non-seulement à Toulouse, mais dans toute la France, nous devrions peut-être dire dans toute l'Église. Nous espérons fermement que le succès qu'elle aura portera les Toulousains à exécuter plus tard en l'honneur de leur chère Sainte, quelque œuvre encore plus grandiose.

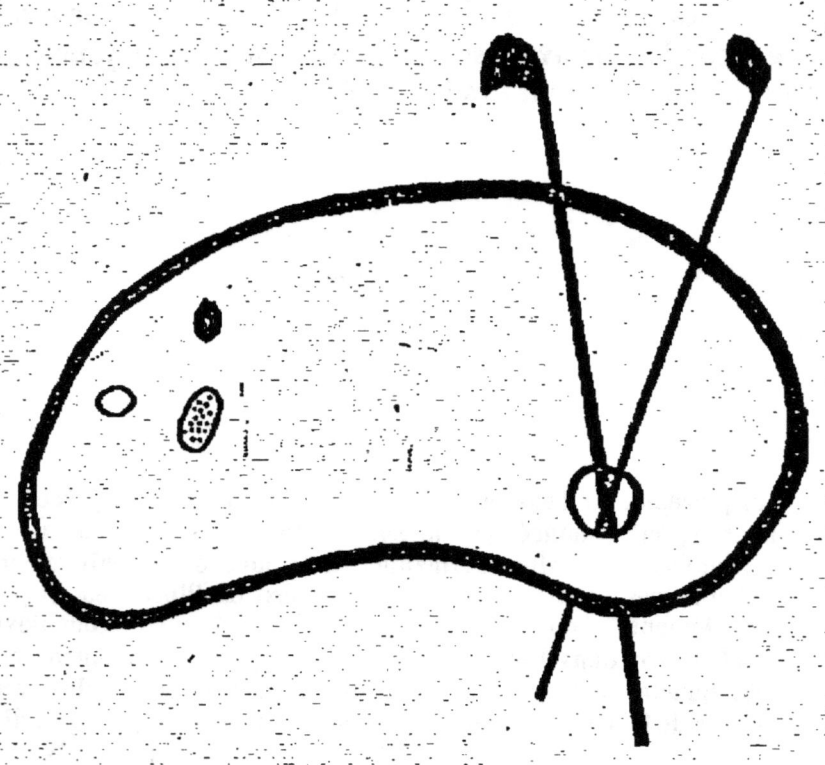

ORIGINAL EN COULEUR
NF Z 43-120-8

www.ingramcontent.com/pod-product-compliance
Lightning Source LLC
Chambersburg PA
CBHW071414060426
42450CB00009BA/1892